Die Kinder Bibel

Willemijn de Weerd ist eine bekannte niederländische Schriftstellerin und hat bereits mehrere Kinderbibeln geschrieben. Sie hat viel Erfahrung in der religiösen Bildungsarbeit und macht regelmäßig Veranstaltungen zu ihren Büchern.

Marieke ten Berge lebt mit ihrem Mann und drei Kindern im niederländischen Marschland. Ihre Ausbildung als Designerin absolvierte sie in einer Agentur für Innenausstattung und in der Geschenkbuchbranche, verlagerte ihren Fokus aber mehr und mehr auf Illustration. Marieke liebt es, Illustrationen und grafische Drucktechniken zu verbinden und probiert in diesem Bereich immer wieder Neues aus.

Mehr über unsere Bücher, Autor:innen und Illustrator:innen auf:
www.thienemann.de

Die Kinder Bibel

Aus dem
Niederländischen von
Eva Schweikart

Willemijn de Weerd
Marieke ten Berge

Gabriel

Für . . . .

Von . . . .

Vorwort

Jesus sprach: „Lasst die Kinder zu mir kommen und hindert sie nicht daran; denn für Menschen wie sie steht Gottes neue Welt offen.“ – Markus 10, Vers 14 (Gute Nachricht Bibel)

In der Welt Gottes sind Kinder willkommen. Jesus rief sie zu sich, umarmte und segnete sie. Deshalb sind Kinder nie zu klein für biblische Geschichten. Sie können darin entdecken, wer Gott ist und was er für sie sein will.

Diese Kinderbibel enthält vierzig Geschichten zum Vorlesen. Dabei staunen Eltern und Kinder gemeinsam mit Adam und Eva über den prachtvollen Paradiesgarten, gehen mit Gottes Volk auf Reisen und besuchen Jesus im Stall.

Nach jeder Erzählung gibt es Anregungen zum Vertiefen der Geschichte: schaukeln wie in einem Boot, Regengeräusche nachmachen, Sterne zählen oder ein Lied singen. Die stimmungsvollen Illustrationen von Marieke ten Berge laden nicht nur zum Betrachten ein, sondern auch zum Zeigen und Benennen von Details.

Ich wünsche Ihnen gemeinsam mit Ihrem Kind viel Freude beim Entdecken der biblischen Geschichten.

Willemijn de Weerd

Das Alte Testament

Das Neue Testament

Das Alte Testament

1. Am Anfang

Erstes Buch Mose 1

Am Anfang ist die Erde leer.
Überall ist es dunkel.
Gott sagt: „Ich mache Licht."
Und siehe da: Es wird hell!

Gott macht noch viel mehr.
Sonne, Mond und Sterne. Pflanzen und Tiere.
Gott betrachtet, was er gemacht hat.
Er sieht, dass es gut ist.
Ein Wal schwimmt mit einer Schildkröte im Meer.
Vögel fliegen zusammen durch die Luft.
Gott sieht, dass es gut ist.

Zuletzt macht Gott die Menschen.
Sie sollen sich um die Erde kümmern.
Es ist alles wunderschön.
Gott sieht, dass alles gut ist.
Er ruht sich aus.

Schau dir das Bild unten an.
Erzähl, was Gott alles gemacht hat?

2. Adam und Eva

Erstes Buch Mose 2

Der erste Mensch heißt Adam.
Adam geht durch den Garten.
Er sieht sich alles an.
Herrlich ist der Garten!

Adam gibt allen Tieren Namen:
„Schaf, Kuh, Pferd, Marienkäfer …“

Zu jedem Tier gibt es ein anderes,
das ihm ähnlich sieht.
Aber niemand sieht Adam ähnlich.
„Es ist nicht gut, dass du allein bist“, sagt Gott.
Darum macht er eine Frau für Adam.

Und Gott macht Eva.
Adam freut sich über Eva.
Jetzt fühlt er sich nicht mehr allein.

Adam hat sich Namen für die Tiere ausgedacht.
Hast du deinen Stofftieren auch Namen gegeben?
Wie heißen sie?

3. Im Garten

Erstes Buch Mose 3

Eva betrachtet die
Früchte an einem Baum.
Sie sehen sehr lecker aus!
Adam und Eva dürfen alle
Früchte von den Bäumen essen.
Nur von diesem Baum
sollen sie nicht essen.

Die Schlange sagt,
dass Eva trotzdem
davon essen darf.
Da nimmt Eva eine
Frucht und beißt hinein.
Auch Adam isst davon.

Mit einem Mal fühlen Adam und Eva
sich nicht mehr wohl.
Da hören sie Gott im Garten.
Schnell verstecken sie sich.
„Adam, wo bist du?“, ruft Gott.
Langsam kommen Adam und Eva
aus dem Gebüsch hervor.
Gott ist zornig und traurig.
Adam und Eva dürfen nicht länger in
dem schönen Garten bleiben.

Adam und Eva haben sich versteckt.
Weißt du ein gutes Versteck?
Spiel eine Runde Verstecken!

4. Noah

Erstes Buch Mose 6–9

Die Menschen machen,
was sie wollen.
Sie fragen nicht mehr nach Gott.
Noah ist anders.
Eines Tages sagt Gott zu ihm:
„Bau ein Schiff, denn ich will eine
große Flut schicken. Alles wird dann
unter Wasser sein."
Noah macht sich an die Arbeit.
Seine Söhne helfen ihm beim Bauen.
Das Schiff wird riesengroß!
Als es fertig ist, kommen ganz viele Tiere.
Sie dürfen mit in das Schiff.

Dann regnet es.
Erst sanft: tick, tick, tick.
Dann stark: TICK, TICK, TICK.
Es regnet viele Tage und Nächte.
Im Schiff bleiben alle trocken.

Endlich hört der Regen auf.
Das Wasser fließt ab.
Gott verspricht, nie mehr
eine Flut zu schicken.
Der Regenbogen ist das
Zeichen für sein Versprechen.

Weißt du, wie der Regen klingt?
Mach Regengeräusche, indem
du auf den Tisch klopfst.
Erst regnet es sanft –
klopf leise auf den Tisch.
Dann regnet es stark –
klopf laut auf den Tisch.
Und danach wird es still.

5. Ein Turm bis zum Himmel

Erstes Buch Mose 11

Die Menschen haben einen Plan.
„Wir bauen einen Turm“, sagen sie.
„Einen hohen Turm bis zum Himmel.
Dann werden alle uns bewundern.“

Ein Stein, zwei Steine, drei Steine.
„Sieh nur, wie hoch der Turm wird!“
Vier Steine, fünf Steine, sechs Steine.
„Der Turm wird immer höher!“

Gott will, dass die Menschen mit dem Bauen aufhören.
Darum gibt Gott den Menschen
unterschiedliche Sprachen.
„Kann ich die Leiter haben?“, sagt ein Arbeiter zu
einem anderen.
„Ik versta je niet“, antwortet dieser.
Niemand versteht mehr, was die anderen sagen.
Darum können die Menschen den Turm
nicht zu Ende bauen.
Sie gehen an unterschiedliche Orte.

Hast du Bauklötze?
Dann bau den hohen Turm nach.

6. Abraham und Sara

Erstes Buch Mose 12

Abraham soll sein Land
und seine Verwandten verlassen.
Gott will ihm den Weg zeigen.
Abraham hört auf Gott.
Er und seine Frau Sara
machen sich auf den Weg.

Sie kennen das Ziel nicht.
Aber sie wissen: Gott ist bei ihnen.

Ihre Reise dauert lange.
Sie sind viele Wochen unterwegs.
Schließlich sagt Gott zu Abraham:
„Hier kannst du mit deiner Familie wohnen."

Abraham und Sara sind froh.
Hier können sie bleiben.

Schau dir die Bilder zu dieser Geschichte
auf den Seiten davor genau an.
Was haben Abraham und Sara mitgenommen
auf die Reise?
Findest du einen Teller, ein Mäuschen
und eine Trommel?
Einige von diesen Gegenständen entdeckst du
auch auf anderen Seiten im Buch wieder.
Schau genau hin.

7. Sterne zählen

Erstes Buch Mose 15 und 21

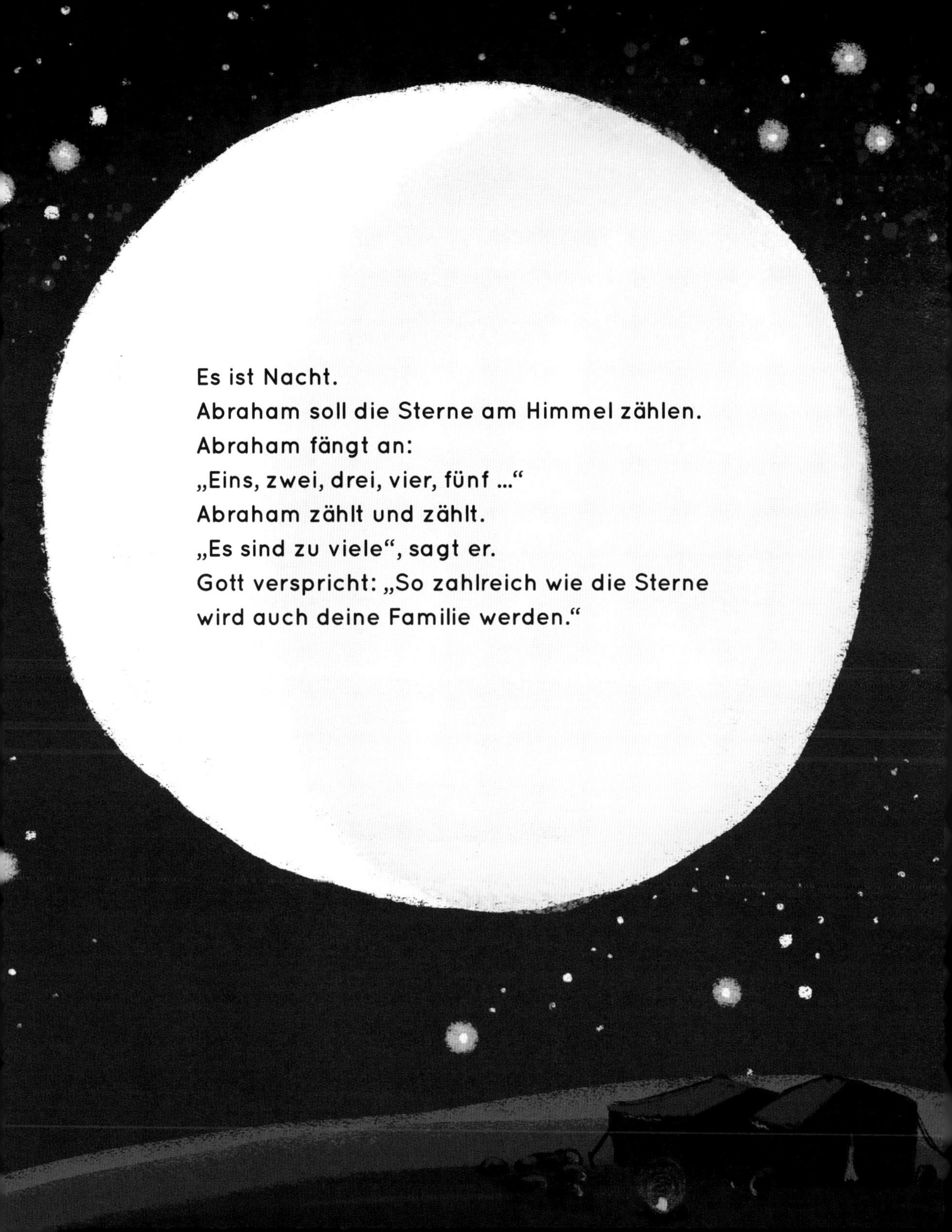

Es ist Nacht.
Abraham soll die Sterne am Himmel zählen.
Abraham fängt an:
„Eins, zwei, drei, vier, fünf …“
Abraham zählt und zählt.
„Es sind zu viele“, sagt er.
Gott verspricht: „So zahlreich wie die Sterne wird auch deine Familie werden.“

Abraham legt seine runzlige Hand auf Saras Schulter.
Ihre Haare sind ganz grau geworden.
Abraham wundert sich: Alte Frauen wie Sara
kriegen keine Babys mehr.
Wie soll er da noch eine große Familie bekommen?
Aber Gott verspricht:
„Nächstes Jahr werdet ihr einen Sohn haben."
Und so geschieht es: Isaak wird geboren.

Abraham zählt die Sterne.
Kannst du auch zählen?
Wie viele Sterne siehst du?

8. Jakob und Esau

Erstes Buch Mose 25

Isaak hat Rebekka geheiratet.
In ihrem Bauch wächst
ein Baby heran.
Sie ist besorgt, weil es
heftig strampelt.

Rebekka fragt Gott um Rat.
Gott sagt: „Du hast zwei Kinder im Bauch."
Nach einer Weile kommen die Zwillinge
auf die Welt.
Es sind Jungen. Jakob und Esau.

Die Jungen werden größer.
„Wer zuerst auf dem Baum ist!“, ruft Esau.
Aber Jakob mag nicht auf Bäume klettern.
Lieber hilft er seiner Mutter beim Kochen.
Esau dagegen ist am liebsten im Freien, wie sein Vater.
Dort jagt er Tiere.

Esau spielt gern im Freien.
Jakob spielt gern im Haus.
Wo spielst du am liebsten?

9. Josef

Erstes Buch Mose 37

„Schau mal“, sagt Jakob zu seinem Sohn Josef.
„Dieser Mantel ist für dich.“
Josef findet den Mantel schön.
Er zieht ihn sofort an und dreht sich stolz im Kreis.
„Ich habe einen neuen Mantel!“, ruft er seinen Brüdern zu.

Die Brüder freuen sich nicht mit Josef.
Der Vater hat nur ihm einen schönen Mantel geschenkt.
Ihnen nicht.
Das macht sie wütend.

„Wir werfen Josef in den Brunnen!“, rufen die Brüder.
Und das machen sie.
Nach einer Weile holen sie Josef wieder heraus.
Sie wollen ihn los haben und verkaufen ihn an Reisende.
Josef wird in ein fremdes Land gebracht: nach Ägypten.
Auch dort sorgt Gott für ihn.

Josefs Brüder sind wütend.
Was machst du, wenn du
wütend bist?

10. Mose

Zweites Buch Mose 3–4

Mose geht durch die Wüste.
Plötzlich sieht er etwas.
Sind das Flammen?
Neugierig geht Mose näher heran.
Oh, wie seltsam!
Ein Busch brennt, aber seine Zweige
und Blätter werden nicht schwarz.
Da hört Mose eine Stimme.
Es ist Gott.

Gott sagt: „Mose, ich will, dass du mein Volk rettest.
Ein König zwingt die Menschen, hart zu arbeiten.
Bring sie in ein anderes Land."
„Ich?", fragt Mose ängstlich. „Das traue ich mich nicht."
„Du brauchst es nicht allein zu tun", sagt Gott.
„Ich bin dabei und helfe dir."
Nun traut Mose sich.

Bist du auch manchmal ängstlich?
Dann sag es Gott. Er hilft auch dir.

11. Der Weg durchs Meer

Zweites Buch Mose 14, 16, 17

Mose soll Gottes Volk in ein anderes Land bringen.
Gott selbst zeigt dem Volk den Weg.
Doch dann stehen sie vor dem Meer.
Die Menschen wissen nicht, wie sie durch
das Wasser kommen sollen.
Da teilt sich das Meer. So kommen alle Männer,
Frauen und Kinder sicher auf die andere Seite.

Die Menschen gehen weiter.
Sie bekommen großen Hunger.
Eines Tages sehen die Kinder
Körner auf dem Boden.
„Was ist das?“, fragen sie Mose.
„Brot vom Himmel“, sagt er.

Die Kinder probieren davon.
„Mmm, das schmeckt gut!“
Gott sorgt auch für
Wasser zum Trinken.

Gott möchte, dass Gideon gegen die schlechten Menschen in seinem Land kämpft. Gott will ihm dabei helfen.

Gideon macht sich mit Soldaten auf den Weg.
Jeder trägt eine Fackel und einen Krug bei sich.
Dann zerschlagen alle ihre Krüge.
Der fürchterliche Lärm erschreckt die Menschen.
Sie laufen davon und verlassen das Land.

Gideon befiehlt den Soldaten,
Lärm zu machen.
Kannst du das auch: Lärm machen?

13. Noomi und Rut

Rut 1–4

Noomi wohnt mit ihrem Mann und ihren Söhnen
in einem fremden Land.
Denn zu Hause in Betlehem gibt es nichts zu essen.
Plötzlich stirbt Noomis Mann.
Und ihre Söhne sterben auch.
Noomi ist sehr traurig.

„Ich gehe zurück nach Hause. Dort gibt es wieder zu essen“, sagt Noomi zu Rut.
Rut ist die Frau eines ihrer Söhne.
„Ich gehe mit dir“, sagt Rut. „Denn dein Gott ist auch mein Gott.“
Noomi legt den Arm um Rut.
„Gut, dann gehen wir zusammen“, sagt Noomi.

In Betlehem wohnt ein Mann namens Boas.
Er hilft den beiden. Er heiratet Rut.
Sie bekommen einen Sohn und nennen ihn Obed.

Schau dir die Bilder zu
dieser Geschichte genau an.
Was macht Noomi und Rut
wieder froh?

14. Samuel

Erstes Buch Samuel 3

Samuel wohnt in einem Tempel.
So nennt man das Haus Gottes.
Er hilft dem alten Eli, der im Tempel arbeitet.

„Samuel, Samuel!“
Samuel reibt sich die Augen und geht zu Eli.
„Was ist los?“, fragt er.
„Ich habe dich nicht gerufen“, sagt Eli.
„Geh wieder schlafen.“

„Samuel, Samuel!“
Wieder geht Samuel zu Eli.
Nun weiß Eli, wer Samuel gerufen hat.
Es ist Gott.

Gott ruft Samuel noch einmal.
„Ich hör dir zu“, sagt Samuel.
Von dem Tag an spricht Gott oft
mit Samuel.

So wie Samuel darfst auch
du mit Gott sprechen.
Was möchtest du Gott erzählen?

15. David singt

Psalm 23

David ist ein Hirte.
Jeden Tag sorgt er für seine Schafe.
Er führt sie zum Wasser, damit sie
trinken können.

David weiß:
So wie ich für meine Schafe sorge,
so sorgt Gott für mich.

Dann fressen die Schafe Gras auf der Wiese.
David macht eine Pause und nimmt seine Harfe.
Leise beginnt er zu singen:
„Der Herr ist mein Hirte.
Er gibt mir alles, was ich brauche.“

David freut sich über Gott.
Darum spielt er auf seiner Harfe.
Habt ihr ein Musikinstrument zu Hause?
Dann mach damit Musik wie David.

16. Der Riese Goliat

Erstes Buch Samuel 17

Goliat ist ein gefährlicher Riese.
Alle haben Angst vor ihm.
Niemand traut sich, gegen ihn zu kämpfen.
Bis auf David. Er füllt seine Tasche mit Steinen.

David geht auf Goliat zu.
Er hat keine Angst.
Er weiß: Gott ist bei ihm.

„Haha, mich kannst du nicht besiegen!“, ruft der Riese.
Schnell legt David einen Stein in seine Schleuder.

David lässt die Schleuder
über seinem Kopf kreisen.
Da fliegt der Stein!
Er trifft Goliat am Kopf.
Der Riese fällt um.

David spürt, dass Gott bei ihm ist.
Mit Gott fühlt er sich stark.
Nimm deine Mama oder deinen
Papa an der Hand und mach etwas,
das du dich allein nicht traust.

17. Naaman

Zweites Buch der Könige 5

Naaman ist krank.
Sehr schlimm krank.
„Ich kenne einen Mann Gottes, der dir helfen kann“,
sagt ein Mädchen zu Naaman.
Naaman macht sich auf den Weg.
Es ist eine lange Reise.

„Geh zum Fluss Jordan“, sagt der Mann zu Naaman.
„Und wasch dich dort sieben Mal.“

Naaman wird ärgerlich.
Waschen kann ich mich auch zu Hause, denkt er.
Trotzdem geht er zum Jordan.
Er wäscht sich sieben Mal.

Und siehe da:
Naaman wird ganz gesund.
Gott hat ihn gesund gemacht.
Dankbar geht Naaman nach Hause.

Warst Du schon einmal länger krank?
Weißt du noch, wie du dich gefühlt hast,
als du endlich wieder spielen konntest?

18. Ester

Ester 1–8

Der König will eine neue Frau haben.
Darum sollen alle schönen Mädchen
in den Palast kommen.
Auch Ester geht hin.
Der König sieht Ester und sagt:
„Dich will ich zur Frau."
Und er setzt ihr eine Krone auf den Kopf.

Im Palast arbeitet ein Mann namens Haman.
Er hat einen bösen Plan.
Er will alle jüdischen Menschen töten lassen.
Ester ist auch jüdisch.
Aber das weiß der König nicht.

Ester geht zum König.
Sie erzählt ihm, was Haman vorhat.
Der König wird sehr wütend.
Er sorgt dafür, dass Hamans Plan nicht gelingt.

Ester zieht ihre besten Sachen an
und kämmt sich.
Dann geht sie zum König.
Mach dich auch so schön, als
würdest du den König besuchen.

19. Daniel

Daniel 6

Der König mag Daniel gern.
Ein paar Männer werden neidisch.
Sie denken sich eine Regel aus.
Dreißig Tage lang darf niemand beten und um etwas bitten.
Nicht bei Gott. Nicht bei anderen Menschen.
Nur beim König.
Wer sich nicht an die Regel hält, wird in eine Löwengrube geworfen.

Daniel betet jeden Tag zu Gott und bittet ihn, bei ihm zu sein.
Darum muss er in die Löwengrube.

Der König ist traurig darüber.
„Ich hoffe, dass Gott dich beschützt“,
sagt er zu Daniel.

Eine ganze Nacht lang ist Daniel bei den Löwen.
Sie tun ihm nichts.
Dafür sorgt Gott. Er schickt einen Engel.

Am Morgen lässt der König Daniel aus der Grube holen.
Er ist froh, dass Daniel noch lebt.

Daniel hat keine Angst vor Löwen.
Das ist ungewöhnlich.
Jeder hat ab und zu mal Angst.
Was macht dir Angst?

20. Jona

Jona 1–2

Eines Tages bekommt Jona einen Auftrag
von Gott: „Geh in die Stadt Ninive.“
Aber Jona will nicht.
Er fährt mit einem Schiff woandershin.
Da schickt Gott einen großen Sturm.

„Ich bin schuld, dass es so stürmt",
sagt Jona zu den Menschen
auf dem Schiff.
„Ich habe nicht getan, was Gott will.
Werft mich ins Meer."

Gott schickt einen großen Fisch.
Der sperrt sein Maul weit auf und verschluckt Jona.
Jona ruft zu Gott: „Hilf mir!“
Nach drei Tagen spuckt der Fisch
Jona an den Strand.
Nun tut Jona, was Gott will:
Er geht nach Ninive.

Jona wird ins Meer geworfen.
Ein Fisch verschluckt ihn.
Im Fischbauch ist es wie in einer Höhle.
Bau dir eine Höhle und setz dich rein.

Das Neue Testament

21. Zacharias und Elisabet

Lukas 1

Zacharias arbeitet
im Tempel,
dem Haus Gottes.
Plötzlich steht
ein Engel vor ihm.
Zacharias erschrickt.

„Hab keine Angst“,
sagt der Engel.
„Gott hat dein Gebet
erhört. Ihr bekommt
einen Sohn.“

Das kann Zacharias
nicht glauben.
Seine Frau Elisabet
ist schon sehr alt.
Und alte Frauen
kriegen keine Babys
mehr.

Der Engel sagt: „Weil du mir nicht glaubst,
kannst du nicht mehr sprechen, bis das Kind da ist.“
Und so geschieht es.

Zacharias und Elisabet bekommen einen Sohn.
Sie nennen ihn Johannes.
Endlich kann Zacharias wieder sprechen.
Er ist sehr froh und dankt Gott.
Zum Dank singt er ein Lied für Gott.

Bist du auch froh über etwas
und willst Danke sagen?
Dann sing wie Zacharias ein
Lied für Gott.

22. Ein Engel bei Maria

Lukas 1

Maria erschrickt.
Jemand hat ihren Namen gerufen.
Plötzlich steht ein Engel vor ihr.
„Hab keine Angst“, sagt der Engel,
„denn ich bringe eine gute Nachricht.
Du bekommst ein Kind.
Gib ihm den Namen Jesus.“

Maria ist verwirrt.
„Aber ich bin noch nicht verheiratet“, sagt sie.
Der Engel sagt: „Gott wird der Vater sein.
Dein Kind ist Gottes Sohn.“
Nun ist Maria sprachlos.
Gott hat sie ausgewählt!
Obwohl sie eine einfache Frau ist.

Der Engel bringt
Maria eine gute Nachricht.
Mal einen Engel.

23. Jesus wird geboren

Lukas 2

Josef und Maria müssen in
die Stadt Betlehem reisen.
Das Baby kommt bald.
Trotzdem machen sie sich auf den Weg.
Denn der Kaiser hat es befohlen.

Endlich sind sie in Betlehem.
Maria ist sehr müde und möchte schlafen.
Aber es gibt nirgends Platz für sie.

Schließlich finden sie einen Stall.
Hier können sie bleiben.
Schon bald wird das Kind geboren.
Maria wickelt es in Windeln und
legt es in eine Futterkrippe.

Es bekommt den Namen Jesus.
Jesus ist Gottes Sohn.

Schau dir die Bilder zu dieser Geschichte
auf den letzten Seiten genau an.
Findest du darauf einen Teller,
ein Mäuschen und eine Trommel?

24. Hirten

Lukas 2

Auf dem Feld sind Hirten.
Sie hüten in der Nacht ihre Schafe.
Plötzlich wird es ganz hell am Himmel.
Die Hirten erschrecken.

„Habt keine Angst“, sagt ein Engel.
„Ich bringe eine gute Nachricht.
Der Retter ist geboren. Er liegt als Kind
in einer Futterkrippe.“

Auf einmal sind ganz viele Engel am Himmel.
Sie singen: „Ehre sei Gott.“ Und: „Friede auf Erden.“
Als die Engel wieder fort sind,
machen die Hirten sich auf den Weg.
Sie gehen nach Betlehem.
Dort finden sie Jesus im Stall.

Jesus ist in einem Stall geboren.
Wo bist du auf die Welt gekommen?
Lass dir von deinen Eltern die Geschichte
von deiner Geburt erzählen.

25. Der Stern

Matthäus 2

Drei Sternforscher schauen zum Himmel hinauf.
Sie haben einen neuen Stern entdeckt.
Da wissen sie: Ein König wurde geboren.

Die Männer gehen los.
Sie wollen den König besuchen.
„Wo ist der Stern?“
„Da!“
Der Stern zeigt ihnen den Weg.

1
2
5
4
3

Sie sind viele Wochen unterwegs.
Immer wieder schauen sie
zum Himmel hinauf.
„Wo ist der Stern?“
„Da!“
Der Stern führt sie nach Betlehem.
Dort finden sie Jesus.
Sie knien vor ihm nieder.
Und sie geben ihm Geschenke.

Schau am Abend zum Himmel hinauf.
Siehst du einen besonders großen Stern?

26. Wo ist Jesus?

Lukas 2

Maria und Josef gehen mit Jesus in die Stadt Jerusalem.
Dort feiern sie im Tempel ein Fest.
Mit vielen anderen Menschen.

Nach einer Woche ist das Fest vorbei.
Alle machen sich auf den Weg nach Hause.
Maria fragt Josef: „Wo ist Jesus?“
Josef weiß es nicht.

„Habt ihr Jesus gesehen?“, fragen sie die anderen.
Aber niemand hat Jesus gesehen.
Josef und Maria suchen überall. Auch im Tempel.

Dort finden sie Jesus.
Er redet mit den Menschen über Gott.
Josef und Maria sind sehr froh.
Zu dritt gehen sie nach Hause.

Jesus bleibt im Tempel, im Haus Gottes.
Eine Kirche ist auch ein Haus Gottes.
Geh mit deinen Eltern einmal in eine
Kirche in deiner Nähe.

27. Kommt mit mir!

Matthäus 4

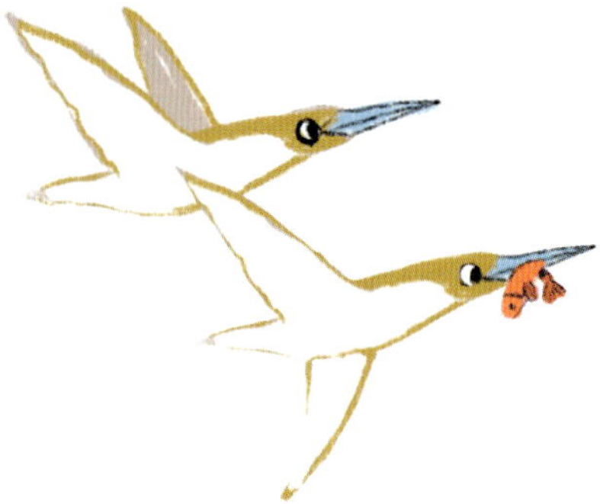

Die Brüder Simon und Andreas
sitzen in einem Boot.
Sie fangen Fische.
Am Ufer des Sees steht ein Mann.
Es ist Jesus.

„Kommt mit mir!“, ruft Jesus den beiden zu.
Simon und Andreas rudern ans Ufer.
Und sie gehen mit Jesus.

Johannes und Jakobus flicken ihr kaputtes Netz.
Jesus geht zu ihnen.
„Kommt ihr auch mit mir?“, fragt er.

Johannes und Jakobus nicken.
Auch sie gehen mit Jesus.

Die Männer sind nun keine Fischer mehr.
Sie folgen Jesus und erzählen den Menschen von Gott.

Auch du darfst von Gott erzählen.
Kannst du diese Geschichte nacherzählen?
Wenn du die Bilder genau ansiehst,
klappt es bestimmt.

28. Ein Fest in Kana

Johannes 2

Im Dorf Kana wird gefeiert.
Ein Mann und eine Frau heiraten.
Viele Menschen sind zu dem Fest eingeladen.
Auch Jesus und seine Mutter Maria.
Alle Gäste sind fröhlich.
Sie essen und trinken.

Aber oh Schreck!
Es ist nicht genug Wein da.
Maria sagt zu Jesus:
„Der Wein ist ausgegangen. Kannst du helfen?“

Jesus lässt große Krüge mit Wasser füllen.
Dann verwandelt er das Wasser in Wein.
Jesus hat ein Wunder getan!
Nun kann das Fest weitergehen. Alle freuen sich.
Weil wieder genug zu trinken da ist.

Deck den Tisch.
Feiere ein kleines Fest mit deinen Stofftieren oder deinen Freunden.

29. Sturm auf dem See

Lukas 8

Jesus und seine Freunde fahren in einem Boot.
Jesus ist müde und schläft ein.

Plötzlich kommt Wind auf.
Das Boot schaukelt auf und ab.
Aus dem Wind wird ein Sturm.
Hohe Wellen schlagen in das Boot.
Die Freunde bekommen Angst.
„Tu etwas, sonst gehen wir unter!“,
rufen sie Jesus zu.

Jesus steht auf.
„Sei still“, sagt er.
Der Sturm hört auf.
Die Wellen legen sich.
„Warum hattet ihr solche Angst?“, fragt Jesus.
Die Freunde sehen einander staunend an.
Sogar der Wind und die Wellen gehorchen Jesus!

Tu so, als wärst du in einem Boot.
Erst schaukelt es sanft auf und ab.
Dann kommt ein Sturm.
Und danach ist alles wieder still.

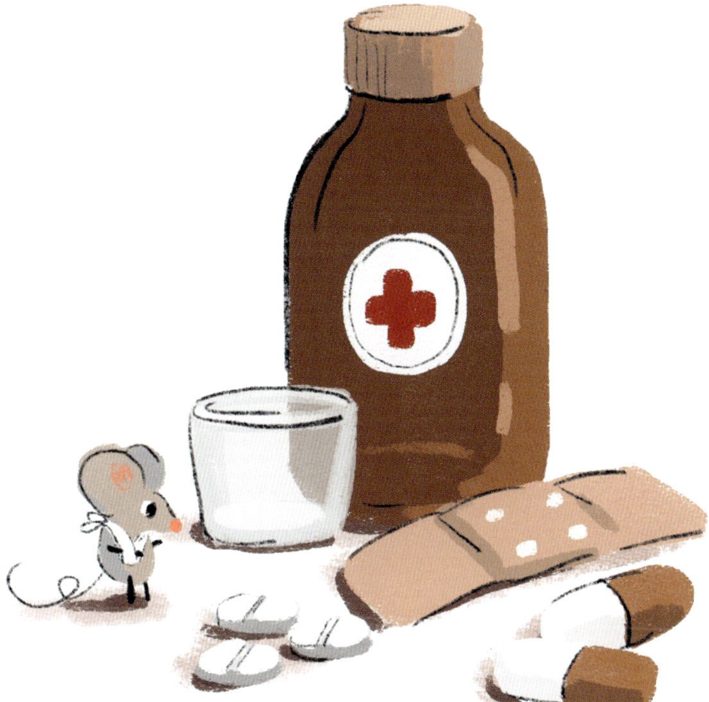

30. Jesus hilft Jaïrus

Lukas 8

Jaïrus hat eine Tochter, die schwer krank ist.
Darum will er zu Jesus.
Jesus kann bestimmt helfen.

Jaïrus geht zu Jesus und bittet ihn um Hilfe.
Jesus ist einverstanden.

Unterwegs kommt ihnen
ein Bote entgegen.
Er sagt zu Jaïrus:
„Deine Tochter ist gestorben."
Jaïrus ist sehr traurig.
Aber Jesus sagt zu ihm:
„Mach dir keine Sorgen."
Und sie gehen weiter.

Als sie im Haus von Jaïrus sind,
geht Jesus zu dem Mädchen.
Er nimmt ihre Hand
und sagt: „Steh auf."
Das Mädchen steht vom Bett auf.
Sie lebt.

Jaïrus hofft sehr, dass Jesus ihm hilft.
Hast du dir auch schon mal was sehr gewünscht? Was war das?

31. Der gute Hirte

Lukas 15

Jesus erzählt von einem Hirten.
Der Hirte hat eine große Herde Schafe.
Er führt die Schafe zum frischen Wasser.
Und zu einer Wiese mit saftigem Gras.

Am Abend bringt der Hirte seine Herde
zurück in den Stall.
Dort zählt er die Schafe.
Eins, zwei, drei ...

Aber was ist das?
Ein Schaf fehlt!
Der Hirte macht sich auf die Suche.
Er sucht überall. In den Hecken und Büschen.
Was für ein Glück: Er findet das Schaf!
Der Hirte bringt das Schaf zurück.

Der Hirte sorgt gut für seine Schafe.
So gut sorgt Gott auch für dich und alle Menschen.

Der Hirte hat ein Schaf verloren.
Er sucht es lange.
Hast du auch schon einmal etwas
verloren und danach gesucht?

32. Jesus und die Kinder

Markus 10

Viele Menschen stehen bei Jesus und lauschen seinen Geschichten.

Auch Eltern mit ihren Kindern
kommen zu Jesus.
Sie wollen seine Geschichten hören.
„Halt!", sagen die Freunde von Jesus
zu den Kindern.
„Was wollt ihr hier?"

Aber Jesus sagt:
„Lasst die Kinder zu mir kommen.
Haltet sie nicht zurück.“
Nun laufen die Kinder zu Jesus hin.

Die Erwachsenen machen Platz für sie.
Die Kinder kommen zu Jesus: kleine und große.

Jesus hat alle Kinder lieb. Auch dich.
Wer hat dich sonst noch lieb?
Mama, Papa, …

33. Zachäus

Lukas 19

Zachäus möchte Jesus sehen.
Aber Zachäus ist sehr klein.
Darum klettert er auf einen Baum.
So! Nun ist er oben und kann
Jesus sehen.

Jesus schaut zu Zachäus hoch.
„Ich will dich zu Hause besuchen“,
sagt er.
Da steigt Zachäus vom Baum herab.

Zachäus nimmt Jesus mit in sein Haus.
Sie essen zusammen.

„Ich habe vielen Menschen Geld weggenommen“, erzählt Zachäus. „Das war nicht richtig. Darum möchte ich das Geld zurückgeben.“
Jesus freut sich. Zachäus möchte neu anfangen.

Zachäus klettert hoch, damit
er besser sehen kann.
Steig doch mal auf euer Sofa.
Siehst du jetzt was, das du
vorher nicht gesehen hast?

34. Der König kommt

Matthäus 21

„Hosianna, hosianna,
willkommen in Jerusalem!“
Die Menschen begrüßen Jesus wie einen König.
Sie glauben, er kommt von Gott.
Sie winken ihm mit Zweigen.
Sie breiten freudig Decken auf dem Boden aus.

Und da kommt Jesus.
Er reitet auf einem Esel.
Jesus soll der neue König sein!

Die Menschen begrüßen Jesus
mit Decken und Zweigen.
Breite eine Decke auf dem Boden aus.
Nimm einen Zweig und winke.

35. Füße waschen

Johannes 13

Jesus feiert mit seinen Freunden das Passafest.
Der Tisch ist gedeckt.
Alles ist vorbereitet.
Auf dem Boden steht eine Schüssel mit Wasser.
Darin werden die Füße gewaschen.

Jesus wäscht seinen Freunden die Füße.
Sie wundern sich.
Was soll das bedeuten?

Jesus isst mit seinen Freunden.
Er sagt: „Bald werde ich sterben.“
Dann nimmt er ein Brot und bricht es in Stücke.
„Wenn ihr von dem Brot esst, dann denkt an mich“, sagt er.

Dann füllt Jesus einen Becher mit Wein.
„Wenn ihr von dem Wein trinkt, dann denkt an mich“,
sagt er.
Die Freunde sehen sich fragend und traurig an.

Lass dir eine Scheibe Brot geben.
Brich es in Stücke und verteile es.

36. Jesus lebt!

Johannes 19 und 20

Mitten am Tag wird es dunkel: Jesus stirbt.
Seine Freunde sind sehr traurig.
Auch einige Frauen, die zu Jesus gehalten haben, sind verzweifelt.
Sie verstehen nicht, warum Jesus sterben musste.
Er hat doch so vielen Menschen geholfen.

Dann wird Jesus in ein Grab in einem Felsen gelegt.
Ein großer Stein wird vor das Grab gerollt.

Ein paar Tage später ist der Stein weg.
Und das Grab ist leer.
Wo ist Jesus?
Maria aus Magdala kommt zum Grab.
Sie weint.
„Warum weinst du?“, fragt ein Mann.
„Weil ich nicht weiß, wo Jesus ist“,
schluchzt sie.
Plötzlich erkennt
sie den Mann.
Es ist Jesus!
Er ist nicht
mehr tot –
Jesus lebt!

Maria ist erst traurig.
Aber als sie Jesus sieht, wird
sie froh und fühlt sich getröstet.
Was tröstet dich?

37. Jesus geht zu Gott

Apostelgeschichte 1

Jesus war tot.
Doch nun lebt er wieder.
Die Freunde von Jesus freuen sich sehr.
„Ich kann aber nicht bei euch bleiben“, sagt Jesus.
„Ich gehe zu Gott.
Dafür wird der Heilige Geist kommen.
Er hilft euch, allen Menschen von Gott zu erzählen.“

Eine Wolke kommt und hüllt Jesus ein.
Die Freunde können ihn nicht mehr sehen.

Plötzlich stehen zwei Engel da.
„Jesus ist jetzt bei Gott“, sagen sie.
„Aber er kommt wieder.“

Die Menschen warten darauf,
dass Jesus wiederkommt.
Wer wartet auf dich, wenn
du nach Hause kommst?

38. Ein Zeichen vom Himmel (Pfingsten)

Apostelgeschichte 2

Die Freunde von Jesus gehen in ein Haus.
Dort warten sie zusammen auf den Heiligen Geist.

Auf einmal hören sie ein Brausen
wie von starkem Wind.
Und über ihren Köpfen schweben Flammen.
Der Heilige Geist kommt!

Vor dem Haus stehen
viele neugierige Menschen.
Sie haben das Brausen gehört und
staunen über die Flammen.

Petrus, ein Freund von Jesus, tritt vor die Tür.
Er erzählt den Menschen von Gott,
von Jesus und vom Heiligen Geist.

Der Heilige Geist ist wie der Wind.
Man kann ihn nicht sehen,
dafür aber spüren.
Geh ins Freie, um den Wind auf
deinem Gesicht zu spüren.

39. Miteinander teilen

Apostelgeschichte 2

Viele Menschen haben Petrus zugehört und glauben nun an Gott.
Sie lassen sich taufen.
Durch ihren Glauben gehören sie zusammen.
Darum teilen sie alles miteinander.
Ihr Essen und ihr Trinken.
Ihre Häuser.

Sie gehen jeden Tag in das
Haus Gottes und beten.
Und sie geben den armen
Menschen Geld.

Die Menschen, die
Jesus nicht kennen,
wundern sich darüber.
Sie wollen mehr
über Jesus erfahren.
So kommen viele
Männer, Frauen und
Kinder zum Glauben.

Teil auch du etwas.
Gib einem anderen Kind von
deinen Süßigkeiten ab.
Oder lass es mit deinen
Sachen spielen.

40. Alles wird neu

Offenbarung 21

Als Jesus in den Himmel aufstieg, hat er
etwas versprochen: „Ich komme wieder.“

Johannes stellt sich vor:
Schön wird dann alles sein.
Die Straßen sind aus Gold.
Gott ist überall.
Niemand ist mehr traurig,
niemand weint.

Ein Löwe sitzt bei einem Lamm.
Ein Baby spielt mit einer Schlange.

Wenn alles neu wird, ist es wieder wie am Anfang.
Als Gott Himmel und Erde machte.
Alles ist dann wieder gut.

de Weerd, Willemijn/ten Berge, Marieke:
Die Kinderbibel
ISBN 978 3 522 30603 4

Aus dem Niederländischen von Eva Schweikart

Gesamtgestaltung: Marieke ten Berge
Fachliche Beratung: Dr. Damaris Knapp
Umschlagtypografie: Doris Grüniger, Buch und Grafik, Zürich
Innentypografie: Bettina Wahl
Reproduktion: Schwabenrepro, Fellbach
Druck und Bindung: Livonia Print, Riga

Blumenstraße 36, 70182 Stuttgart
Bei Fragen zum Produkt: service@thienemann.de

Die Originalausgabe erschien 2020 unter dem Titel *Peuterbijbel*
bei Jongbloed Uitgeverij B.V., Heerenveen, The Netherlands.
www.royaljongbloed.com
7. Auflage 2026

www.thienemann.de